THÉATRE

DE

L'ORME-DU-PONT

1868 — 1872

PARIS

IMPRIMERIE D. JOUAUST

Rue Saint-Honoré, 338

—

M DCCC LXXII

THÉATRE

DE

L'ORME-DU-PONT

THÉATRE

DE

L'ORME-DU-PONT

1868 — 1872

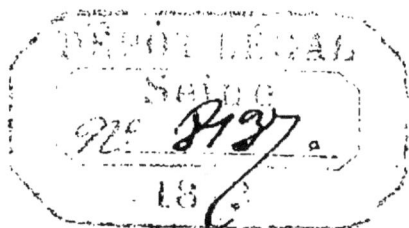

PARIS

IMPRIMERIE D. JOUAUST

Rue Saint-Honoré, 338

—

M DCCC LXXII

PROLOGUE

POUR L'OUVERTURE DU THÉATRE

Récité par Mlle E. F., *le* 10 *septembre* 1868.

PROLOGUE

Mesdames et Messieurs, vous ne l'ignorez pas,
  C'est toujours un moment critique
  Que le moment des premiers pas
  D'une entreprise dramatique.
  Par les mêmes soucis liés,
Les acteurs, les auteurs, au front pensif et blême,
  Le directeur, le souffleur même,
Sont tous, comme l'on dit, dans leurs petits souliers.

  Et, cependant, avec adresse,
On a su préparer le grand événement.
  Dans le public que l'on caresse
  On a semé, grâce à la presse,
  La réclame et le boniment.
  Du directeur on dit merveille,
  De droit il passe: intelligent,
  Et l'on se chuchote à l'oreille
  Qu'il a trouvé beaucoup d'argent.

A ses pièces tambourinées
Aux quatre coins de l'horizon
On a prédit des destinées
Longues de toute une saison.
Le bruit adroitement circule
Qu'il couvre d'or les manuscrits
De ces grands et rares esprits
Qui savent défier même la canicule.

Les gazettes, avec l'accord le plus touchant,
Nous donnent déjà sur la troupe
Qu'autour de son drapeau l'impresario groupe
Le détail le plus alléchant.
Il a fait, nous dit-on, les plus grandes folies,
Et pour le charme de nos yeux
Il possède un ensemble unique et merveilleux
D'actrices jeunes et jolies :
Le Gymnase n'a rien de mieux.
Bien plus, — à le croire on a peine, —
Mais dans quelques cercles l'on dit
Qu'il paye un énorme dédit
Pour cette belle Célimène
Qu'un richissime engagement
Appelait malheureusement,
O frigide Néva, sur ta rive lointaine !

De nos confrères de Paris

Tels sont les moyens ordinaires,
Auxquels les bourgeois débonnaires
Ne sont que trop aisément pris.
Le public aux guichets s'escrime ;
Inutile ! il ne reste rien ;
Les strapontins font une prime
Que ne connut jamais l'emprunt égyptien.

Devant vous, Messieurs et Mesdames,
Nous nous présentons autrement
Et beaucoup plus modestement.
D'abord, nous n'avons pas envoyé de réclame
Aux journaux du département.
De la publicité nous craignons la trompette ;
Nous ne vantons pas nos auteurs,
Ni le talent de nos acteurs.
Aucune affiche ne répète
Leurs noms largement en vedette
Comme autant d'appâts séducteurs.
On n'a pas exhibé derrière les vitrines,
Dans des costumes agaçants,
Nos actrices montrant et jambes et poitrines
A l'œil curieux des passants.
Nous n'avons jamais, sans vergogne,
De notre mise en scène annoncé la splendeur,
Et des peuples de la Bourgogne
Trompé la crédule candeur.

2

Nous le disons avec franchise,
Nous brillons seulement par la simplicité ;
En fait de truc et de surprise,
Non, nous n'avons rien inventé.
Faut-il que cela nous inspire
Quelque honte ou quelque rougeur ?
Nullement. — On joua Shakespeare
Sur un théâtre encore pire.
Simple comédien voyageur,
Avant de jouer pour les princes,
Molière promena dans nos vieilles provinces,
Et dans des granges aux murs nus,
Ses talents encore inconnus
Et son bagage des plus minces.

Nous pensons que par ces aveux,
Pleins d'engageante modestie,
Votre critique est avertie
Qu'une indulgente sympathie
Doit nous accompagner de favorables vœux.
Enhardis par cette espérance,
Nous allons donc timidement
Soumettre nos efforts à votre jugement.
C'est dit ! — Et maintenant que la fête commence !

MON COQUIN DE NEVEU

COMÉDIE EN UN ACTE

Représentée sur le théâtre de l'Orme-du-Pont
le 10 septembre 1868.

PERSONNAGES

DUCORMIER. . . . .   M. G. C.

GEORGES . . . .   M. E. B.

LOUISE . . . .   Mlle E. F.

Le théâtre représente une chambre de garçon.—Portes au fond et à droite. — Fenêtre à gauche.

MON COQUIN DE NEVEU

SCÈNE I.

GEORGES.

GEORGES. (*Il entre au fond en costume de pierrot. Il tient un bougeoir à la main. Il se laisse tomber sur une chaise en posant le bougeoir sur la table.*)

Ouf! je n'en puis plus. L'homme est un singulier animal! (*Il se lève et va à la croisée.*) Tiens, il fait jour; la bougie est du luxe. (*Il la souffle.*) Je l'avais allumée pour me persuader que je rentrais de bonne heure; — inutile précaution qui ne calme pas mes remords; — car j'ai des remords. Je m'étais bien promis de ne plus mettre les pieds à ce maudit Opéra, où l'on s'ennuie en se fatiguant. Je m'étais juré de ne plus abdiquer ma dignité d'homme en la revêtant de ces oripeaux fanés. (*Il montre son costume.*) Voilà le résultat de mes serments. (*Il s'assied.*) Hier, vers onze heures, je suis sorti pour aller flâner dans le passage, fier de ma résolution, bien décidé à accabler de mon mépris les humains assez dépourvus de raison pour ressusciter, au XIXe siècle, ce que Timothée Trimm compare, dans le *Petit Journal*, aux bacchanales de la Rome ancienne. Vous m'auriez dit alors : « Georges, tu n'es pas raisonnable, tu vas encore au bal de l'Opéra, » — je vous aurais répondu par le rire le plus souverainement dédaigneux qui ait jamais trouvé place sur des lèvres mortelles. (*Il se lève.*) Et pourtant, deux heures plus tard, je faisais dans ce costume, et sur les deux mains, une entrée dont on se souviendra. (*Il esquisse un pas de cancan.*) Quel succès ! quel triomphe ! — Taistoi, sotte vanité ! Bref, après quelques heures d'une gesticulation insensée, je soupais chez Brébant avec des pierrettes

douées d'un appétit convenable, mais dont
la conversation allait de : « Tu t'en ferais
mourir, » jusqu'à : « On ne me la fait pas,
celle-là ; elle est mauvaise. » C'est coloré,
mais peu varié. — Et voilà comment, au
grand scandale de ma concierge, je rentre
au petit jour, la tête lourde, harassé, glacé
et parfaitement convaincu que je suis un
imbécile. — Eh ! mais (*il se rapproche de
la cloison de gauche*), je crois que j'entends
du bruit chez la voisine. (*On entend une
roulade.*) Elle chante ! Pourvu qu'elle ne
se soit pas aperçue de mon absence, moi
qui lui avais promis d'aller faire un bezi-
gue en quinze cents liés chez sa tante.
Chère petite Louise ! Quelle jeunesse !
quelle fraîcheur ! quelle innocence ! (*Il
écoute.*) La voilà qui sort de chez elle. Pas
de bruit. (*Il se rassied.*)

SCÈNE II.

GEORGES, LOUISE.

LOUISE, *dans la coulisse.*

Bonjour, monsieur Georges. Vous n'êtes pas encore levé?

GEORGES.

Non, pas encore. C'est aujourd'hui dimanche; je fais le paresseux.

LOUISE.

Et puis vous avez travaillé tard hier soir.

GEORGES.

Oui, très-tard. (*A part.*) Je crois bien que j'ai travaillé... des jambes.

LOUISE. (*Elle entre brusquement.*)

Êtes-vous assez menteur?

GEORGES , *se levant.*

Bon ! j'avais laissé la clef sur la porte,

LOUISE.

Qu'est-ce que c'est que ce costume?

GEORGES.

Oh ! oh ! une toilette d'intérieur ; chez soi on n'a pas besoin d'être toujours en habit noir.

LOUISE.

Entre un habit noir et un costume de pierrot, il y a de la marge.

GEORGES.

Je n'en disconviens pas. Est-ce que vous aimez l'habit noir ? Moi, je trouve ce costume moderne d'une aridité désolante. Je réagis.

LOUISE.

Vous réagissez ? Tenez, je ne croirai plus jamais à votre parole.

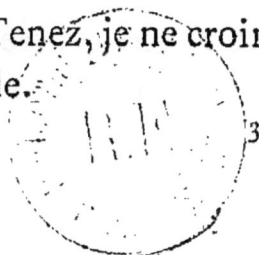

3

GEORGES.

Est-ce que j'ai donné ma parole ?

LOUISE.

Oui, vous m'aviez juré que vous n'iriez plus au bal, et vous y êtes allé hier.

GEORGES.

Eh bien ! oui, c'est vrai. Savez-vous pourquoi j'y suis allé?... Pour m'étourdir.

LOUISE.

Vous êtes déjà bien assez étourdi.

GEORGES.

C'est vrai, toutes les fois que je veux vous faire un doigt de cour, que je vous dis que vous êtes jolie, vous vous gendarmez, et vos yeux, si doux, si bons ordinairement, me regardent d'une façon qui me fait froid dans le dos. Pas plus tard que l'autre soir, chez votre tante, en comptant le mariage d'atout, je vous ai marché sur le pied, sans le faire exprès: eh bien ! vous m'avez jeté les cartes au nez et vous m'avez boudé toute la soirée. Ça ne se fait pas, ça ne s'est jamais fait. Marchez-moi sur le pied tant que vous voudrez, et demandez-moi si vous m'avez fait du mal, je vous répondrai infailliblement : « Au contraire. »

LOUISE.

Eh bien ! qu'est-ce que tout cela prouve ?

GEORGES.

Cela prouve... cela prouve que vous me rendez malheureux et que je cherche des distractions malsaines, voilà tout.

LOUISE.

Vous me faites rire. Avez-vous seulement lu cette lettre qui est sur votre table ?

GEORGES. (*Il prend la lettre.*)

Non... C'est de mon oncle. (*Il la lui rend.*) Je ne lis ses lettres que quand elles sont chargées. Depuis quelque temps, hélas ! elles ne le sont que de reproches ; et pour cela le facteur ne demande pas de reçu.

LOUISE.

Il a bien raison de vous gronder.

GEORGES.

S'il payait encore, il n'y aurait que demi-mal ; mais il gronde et ne paye pas.

LOUISE.

Eh bien ! pour votre punition, je vais vous lire sa lettre.

GEORGES.

Lisez. Voilà ce qui s'appelle commencer gaiement la journée !

LOUISE.

Tiens !... elle est timbrée de Paris.

GEORGES.

Vraiment !... Mon oncle serait-il dans nos murs ? (*Il s'assied.*)

LOUISE, *lisant.*

« Monsieur... »

GEORGES.

Monsieur ! Comme il comprend les liens de famille, le digne homme ! Moi qui lui donne du « cher oncle » gros comme le bras ! Oh ! les parents !

LOUISE, *lisant.*

« Vous n'ignorez pas que, chargé par feu « mon frère du soin de votre éducation, je « vous envoyai à Paris pour faire votre « droit. Il y a cinq ans de cela. La fille et « l'étude de Mᵉ Bocquet, notaire à Char- « tres, vous étaient alors destinées par ma « sollicitude avunculaire... »

GEORGES.

Elle est jolie !

LOUISE.

L'étude ou la fille ?

GEORGES.

La fille... une grande blonde filasse, avec des pieds longs comme ça.

LOUISE, *lisant.*

« Vous savez aussi que Me Bocquet,
« ayant appris, comme moi, la vie sarda-
« napalesque que vous meniez à Paris, a
« traité, il y a un an, avec son maître
« clerc, dont il a fait aussi son gendre. »

GEORGES.

En voilà un qui a eü de la chance !

LOUISE, *lisant.*

« Vous avez assez gâché votre vie. Il faut
« que cela ait une fin. Je suis arrivé ce soir
« à Paris. Demain matin je serai chez vous
« à huit heures. Je compte vous y trouver
« avec vos malles préparées. Nous parti-
« rons pour Chartres par le train de midi.»

GEORGES. (*Il se lève brusquement.*)

Huit heures ! Mais il doit être huit

heures ! Il va arriver, me trouver dans ce costume. Vite, Louise, allez-vous-en ; je ne vous renvoie pas, mais, vous comprenez... Ah ! du bruit dans le couloir. Si c'était lui !...

M. DUCORMIER, *dans la coulisse.*

Hé ! Georges, éclaire-moi !

GEORGES.

C'est lui. Ah ! mon Dieu ! Louise.... dans ce cabinet. Et le pierrot !... Ah ! mon paletot... Le chapeau... (*Il met son paletot, jette son chapeau et pousse Louise dans un cabinet à droite.*) En voilà une surprise ! Les gens de province sont d'une indiscrétion ! Est-ce qu'on vient chez un garçon à huit heures ?

M. DUCORMIER, *dans la coulisse.*

Georges !

GEORGES.

Voilà !... voilà ! (*Il ouvre la porte du fond.*)

SCÈNE III.

M. DUCORMIER, GEORGES.

M. DUCORMIER, *entrant.*

Diable de corridor ! il me rappelle...
Ah ! vous voilà, monsieur ?

GEORGES.

Moi-même, mon oncle. Et vous allez
bien ? (*Il lui tend la main.*)

M. DUCORMIER, *brusquement.*

Pas mal, mais ce n'est pas votre faute.

GEORGES.

Pourtant, les vœux que je forme tous les
jours pour votre chère santé....

M. DUCORMIER.

Ta, ta, ta.... vous avez bien le temps
d'y penser, à ma santé ! Eh bien ! êtes-vous
prêt ?

GEORGES.

Pardon, mon oncle, j'ai quelques obser-
vations à faire.

M. DUCORMIER.

Je n'en veux pas.

GEORGES.

Cependant les droits de la défense sont
imprescriptibles, et l'article 170481 du
Code....

M. DUCORMIER.

Comment, vous êtes en pantalon blanc
au mois de février!

GEORGES.

Ne faites pas attention, la chambre est
très-chaude. Asseyez-vous donc.

M. DUCORMIER, *assis.*

J'espère que ce ne sera pas long.

GEORGES. (*Il prend une chaise devant lui.*)

Messieurs, ou plutôt mon oncle, on vous

a fait de faux rapports sur notre compte ; j'oserai dire qu'on nous a calomnié. Nous avons mené à Paris une vie studieuse et rangée, nous couchant de bonne heure et nous levant tard ; nous avons été l'exemple de toutes les vertus, et si, en cinq ans, nous n'avons passé que deux examens, cela tient uniquement à la faiblesse de notre intelligence. (*En pérorant, il déboutonne son paletot.*) Car, pourquoi ne le dirions-nous pas...

M. DUCORMIER.

Vous avez là, monsieur mon neveu, un singulier vêtement. Est-ce la mode ?

GEORGES.

Ne faites pas attention. C'est l'uniforme de la société des Orphéonistes de la Lyre dorée, dont je fais partie. C'est de rigueur. Vous ne blâmerez pas, j'espère, cette innocente distraction. L'orphéon adoucit les mœurs. Un de nos chants favoris a bien raison de dire :

Les cœurs sont bien près de s'entendre
Quand les voix ont fraternisé.

Vous m'écoutez, mon oncle ?...

M. DUCORMIER.

Comment s'appelle cette rue ?

GEORGES.

La rue Crampton.

M. DUCORMIER, *rêveur*.

C'est singulier. Après ça, Paris a tant changé depuis trente ans !

GEORGES.

A qui le dites-vous, mon oncle ? Parlons un peu des conditions matérielles de la vie. Autrefois, avec 1,200 francs par an, on était riche ; on ne roulait pas carrosse, mais enfin on jouissait de cette *aurea mediocritas* que vante Horace ; aujourd'hui, avec 300 francs par mois, un jeune homme est littéralement sur la paille.

M. DUCORMIER, *distrait*.

Oui... oui... (*Il se lève et va à la croi-*

sée.) Le Luxembourg ici, là-bas le Pan-
théon... comme de mon temps.

GEORGES, *à part.*

Il se radoucit. (*Haut.*) Jolie vue, n'est-ce
pas, mon oncle? Et quel air !

M. DUCORMIER.

A quel étage ?

GEORGES.

Un petit sixième. Je ne vous cacherai
pas que, malgré les avantages que j'y
trouve, je préférerais un entresol.

M. DUCORMIER.

Et il y a une autre pièce ici ? (*Il montre
la porte de gauche.*)

GEORGES.

Oui, mon oncle, mon cabinet de travail.
(*M. Ducormier fait un pas.*) Mais je ne
vous engage pas à le visiter. Il est dans
un désordre... les papiers, les livres pêle-

mêle... Vous savez, un cabinet de travail...

M. DUCORMIER.

Où on ne travaille pas!... Dis-moi...

GEORGES, *à part.*

Sauvé !... il me tutoie.

M. DUCORMIER. (*Il cherche dans sa poche.*)

Mon portefeuille... (*Il tire son portefeuille et y cherche un papier.*)

GEORGES, *à part.*

Est-ce qu'il aurait l'intention de me donner un billet de cinq? Le digne homme! je l'avais méconnu.

M. DUCORMIER.

J'avais une lettre de ta tante pour toi.

GEORGES.

Une lettre de ma tante! Quelle chute!

M. DUCORMIER.

Je l'ai sans doute oubliée à l'hôtel. Va

me la chercher. C'est à l'hôtel de Chartres,
tout près d'ici.

GEORGES.

Connu ! J'y cours. (*A part.*) Et ce diable de pierrot!.. (*M. Ducormier se rapproche de la croisée. Georges profite de ce moment pour ôter son pantalon blanc.*)

M. DUCORMIER.

Eh bien ?

GEORGES.

J'y vais. (*A part.*) Je laisserai le reste chez la concierge. (*Haut.*) J'y vais, mon oncle. (*Il sort au fond en courant.*)

SCÈNE IV.

M. DUCORMIER, *puis* LOUISE.

M. DUCORMIER, *seul.*

C'est drôle comme les souvenirs de

jeunesse reviennent vous saisir à la gorge dans ce vieux quartier latin ! Je crois, le diable m'emporte ! qu'ils m'ont fait oublier mon sermon. Voyons un peu le cabinet de travail de ce drôle. (*Il ouvre la porte de droite. Louise en sort.*) Une fillette ! Allons, bon ! c'est complet.

LOUISE.

Pardon, monsieur...

M. DUCORMIER.

Que faites-vous là, mademoiselle ?

LOUISE.

Je ne sais pas... j'attendais...

M. DUCORMIER.

Vous attendiez que je fusse parti, n'est-ce pas ? Ainsi donc, mademoiselle, c'est vous qui détournez mon neveu de son travail, qui l'empêchez de passer sa thèse, d'épouser l'étude et d'acheter la fille... non, d'épouser la fille et d'acheter l'étude de Me Bocquet.

LOUISE.

Moi, monsieur, si l'on peut dire... Je fais tout ce que je peux pour le faire travailler.

M. DUCORMIER.

Oui, à la Grande-Chaumière.

LOUISE.

Qu'est-ce que c'est que la Grande-Chaumière ?

M. DUCORMIER.

Faites donc l'innocente ! Mais cela ne durera pas. Vous pouvez en faire votre deuil de mon neveu. Je l'emmène à Chartres, et pas plus tard qu'aujourd'hui. Du reste, qu'est-ce que cela vous fait? Vous vous consolerez bientôt avec un autre.

LOUISE.

C'est méchant ce que vous dites là. Vous êtes un vilain homme. (*Elle sort au fond en pleurant.*)

SCÈNE V.

M. DUCORMIER, *seul.*

Elle s'en va ; elle pleure. J'ai peut-être été un peu dur. Bah ! est-ce que je ne suis pas venu ici pour cela ? est-ce que je ne fais pas mon métier d'oncle ? Ce serait du joli si je me laissais attendrir par les grimaces d'une péronnelle ! Allons, pas de faiblesse. (*Il se promène en fredonnant :*)

Je viens revoir l'asile où ma jeunesse
De la misère a subi les leçons....

C'est singulier comme cette mansarde me rappelle... Est-ce une illusion ? Mais non, je ne me trompe pas. C'est bien ici le numéro 29 de la rue du Porche, et cette chambre est bien celle que j'ai habitée quand je faisais mon droit. Oui, c'est bien cela. Ma foi, il me semble que le mobilier n'a pas changé. Si je m'attendais à cela !... Je serais curieux de savoir si certaine inscription est encore là. (*Il se rapproche du côté droit de la muraille.*) La voilà, aussi nette que le jour où je la traçai. Un D et un L entrelacés, avec cette date : 10 mars 1835. C'est le jour où Louise, celle qui devait être la compagne fidèle de ma vie, m'avoua dans cette même chambre qu'elle m'aimait. Chère Louise! elle m'a donné trente ans de bonheur. Quand je pense que mon père m'a fait attendre deux ans son consentement! C'est que Louise n'était pas riche : c'était une modeste couturière, vivant de son travail. On rêvait pour moi un beau mariage. J'en ai fait un bon. (*Il s'approche du mur.*) Qu'est-ce encore que cela ? des vers :

> Oui, je t'aimerai tout entière
> Si tu veux être ma moitié.

Ils sont un peu rococo, mais le cœur y était. Y a-t-il encore des volubilis devant la croisée de Louise? Probablement non. C'est aussi bien rococo, les volubilis, depuis la chanson de *Jenny l'ouvrière!* — Suis-je bête! j'oublie que nous sommes en plein hiver. Ah ! je me rappelle, il y avait là un trou de serrure par lequel je glissais quelquefois un regard indiscret. (*Il regarde.*) Tiens ! c'est la petite de tout à l'heure ; elle pleure à chaudes larmes. Pauvre enfant ! elle l'aime peut-être, ce drôle. Décidément, je l'ai trop durement traitée. Cela ne me compromettra pas de la consoler un peu. Ah ! comment s'appelle-t-elle ? Il serait curieux qu'elle s'appelât Louise. (*Il appelle :* Louise ! Louise !)

LOUISE, *à travers la porte.*

Que me voulez-vous ?

M. DUCORMIER.

Elle répond, elle s'appelle Louise ! O bizarrerie du hasard ! Venez, mon enfant; j'ai à vous parler. (*A part*) Quelle étrange ressemblance de situation ! On dirait un coup de la destinée.

SCÈNE VI.

M. DUCORMIER, LOUISE.

LOUISE. (*Elle entre au fond.*)

Me voilà, monsieur.

M. DUCORMIER.

Essuyez vos yeux, mon enfant. (*A part.*)
Elle est charmante, et un air d'honnêteté...
(*Haut.*) Je vous ai fait du chagrin tout à
l'heure. Que voulez-vous ? C'est mon état
de gronder. Vous comprenez, une jeune
fille dans la chambre d'un garçon, ce n'est
pas très-régulier aux yeux d'un oncle.

LOUISE.

C'est vrai, mais cela est venu peu à peu,
sans y penser. On se rencontre, on se dit
bonjour dans l'escalier.

M. DUCORMIER.

Et puis le corridor est si étroit !

LOUISE.

Un jour, votre neveu est tombé malade. Je suis venue le soigner. C'est comme cela que je suis entrée ici pour la première fois. Depuis, en allant à l'atelier le matin, en revenant le soir, je lui fais une petite visite.

M. DUCORMIER.

Vous travaillez?

LOUISE.

Certainement. Que voulez-vous que je fasse ?

M. DUCORMIER.

Et vous n'avez pas de famille?

LOUISE.

Je n'ai plus qu'une tante. C'est une très-bonne femme que nous aimons beaucoup.

M. DUCORMIER.

Qui ça, nous ?

LOUISE.

Eh bien ! votre neveu et moi.

M. DUCORMIER.

Mon neveu connaît votre tante ?

LOUISE.

Je crois bien. Souvent il vient le dimanche chez elle, et nous faisons une petite
partie.

M. DUCORMIER, *à part.*

L'intrigant ! il s'insinue dans les fa-
milles... (*Haut*) Avec accompagnement
de cidre...

LOUISE.

Et de marrons.

M. DUCORMIER, *à part.*

Allons, j'ai vingt-cinq ans, tout le reste
est un rêve. (*Devant la glace.*) Diable, et
mes cheveux blancs !

LOUISE.

Le voici qui rentre.

M. DUCORMIER.

Vous croyez ?

LOUISE.

Oh ! je connais bien son pas.

M. DUCORMIER.

Eh bien ! rentrez dans le cabinet.

LOUISE.

Vous me laisserez lui dire adieu, n'est-ce pas ?

M. DUCORMIER.

Oui, mon enfant ! Entrez vite. (*Elle entre dans le cabinet.*)

SCÈNE VII.

M. DUCORMIER, GEORGES.

GEORGES, *entrant au fond.*

J'ai trouvé, j'ai trouvé la lettre et le panier.

M. DUCORMIER.

Quel panier ?

GEORGES.

Tenez, sentez. (*Il lui met le panier sous le nez.*)

M. DUCORMIER.

Hum ! c'est un pâté.

GEORGES.

Oui, mon oncle, un pâté. Ah ! cela fait du bien. (*Il flaire le panier.*) Cela rappelle la patrie absente. (*On entend dans la pièce voisine un bruit de chaise renversée.*)

M. DUCORMIER.

Quel est ce bruit? Il y a donc quelqu'un à côté?

GEORGES, *à part.*

Diable! je suis pris. (*Haut.*) Ne faites pas attention, mon oncle; c'est probablement le concierge qui fait le ménage.

M. DUCORMIER.

En êtes-vous sûr ?

GEORGES.

Parfaitement sûr; c'est son heure.

M. DUCORMIER, *sévèrement.*

Ah! c'est le concierge, — à moins que ce ne soit Mlle Louise.

GEORGES, *à part.*

Patatras! (*Haut et suivant son oncle, qui se promène de long en large.*) Mon oncle, puisque vous savez tout, je ne vous cacherai rien. Eh bien! oui, elle est là; mais, je

6

vous en supplie, ne lui dites rien ; laissez-la partir tranquillement. Accablez-moi, piétinez-moi, emmenez-moi à Chartres, au diable, où vous voudrez; mais épargnez-la. Je vous jure, mon oncle, qu'elle est sage, innocente, pure. C'est un peu mon ange gardien; elle m'a soigné comme une sœur. Si vous avez encore un neveu, c'est à elle que vous le devez. Mon oncle, mon cher petit oncle, retournez-vous, mettez-vous à la croisée, je vais la faire sortir tout doucement. Après, vous prendrez ma tête, elle est à vous.

M. DUCORMIER, *à part.*

Allons, il l'aime. (*Haut.*) Je vais la chercher moi-même. (*Il sort à gauche.*)

SCÈNE VIII.

GEORGES, M. DUCORMIER,
LOUISE.

GEORGES, *seul.*

Eh bien ! nous allons voir ! Je ferai plutôt des sommations respectueuses. (*M. Du-*
cormier rentre avec Louise.)

M. DUCORMIER.

Georges, puisque tu aimes cette jeune
fille et qu'elle est digne de toi, tu l'épou-
seras...

GEORGES.

Mon oncle ! vous consentiriez... vrai,
là... sérieusement ?

M. DUCORMIER.

Très-sérieusement. Venez, mes enfants.
(*Il les réunit près de lui.*) J'étais arrivé
avec une grosse colère; mais c'est fini, c'est

passé. Je me suis rappelé ma jeunesse. Oui, mes enfants, cette chambre est celle que j'habitais il y a trente ans. C'est là que j'ai aimé celle qui devait être ma femme. Elle s'appelait Louise comme vous ; elle était honnête, laborieuse et jolie comme vous. Je vous souhaite, mes enfants, une vie heureuse et tranquille comme la nôtre. Et, maintenant, assez de sentiment ; j'ai un appétit féroce. Si nous entamions le pâté de la tante...

GEORGES.

C'est cela, déjeunons.

LOUISE.

Je vais mettre le couvert.

M. DUCORMIER.

Et, maintenant, que l'on dise encore du mal des oncles ! *(Rideau.)*

PROLOGUE

POUR LA RÉOUVERTURE DU THÉATRE

Récité par Mlle C. D'A., *le 23 septembre* 1872

PROLOGUE

Dans cette résidence aimée,
 Va se rouvrir à deux battants
Notre scène qui fut fermée,
 Hélas! par la rigueur des temps.

Surpassant les horreurs anciennes
De ses crimes souvent cités,
La tragédie a fait des siennes
Dans nos champs et dans nos cités.

Quand la famine et l'incendie
Étaient notre sinistre lot,
Pouvait-on de la comédie
Agiter le joyeux grelot?

Et pourtant, dit-on, nos affaires
Pour notre bonheur ont tourné ;
Nous sommes des deux hémisphères
Le peuple le mieux gouverné.

On a découvert la recette
De cet état sans précédent
Dans la redingote noisette
De notre petit Président.

Monsieur Thiers parade à Trouville,
Et, narguant les flots irrités,
Leur dit d'une façon civile :
Nous sommes deux immensités !

La République, satisfaite
Du gâchis qu'elle nous valut,
Se donne un petit air de fête
Et veut qu'on accorde son luth.

Elle dit : Suis-je si méchante ?
Rassurez vos esprits troublés ;
Avouez que je vous enchante,
Ou sinon... soyez empalés.

Pour vous éviter ce supplice,
Notre aimable impresario
A recruté cette milice
Pleine d'ardeur et de brio.

Vous la verrez faire merveilles,
Ou du moins, nous le supposons,
Après tant de savantes veilles,
Après tant de doctes leçons,

Comme nous pourrions nous promettre
Un succès brillant et sans fin,
Si nous avions de notre maître
Le talent naturel et fin!

Si nous avions cet art de plaire
Fertile en traits toujours nouveaux,
Nous récolterions pour salaire
Une ample moisson de bravos.

Mais le tact, la délicatesse,
Le goût et le discernement,
Ce que par le mot politesse
On entendait anciennement,

7

Sont des présents que la nature
Fait à de rares favoris ;
Si nous en avons, d'aventure,
On sait où nous les aurons pris.

Sur notre scène minuscule,
On s'exposerait au sifflet
Avec un drame ridicule
Bourré de coups de pistolet.

On ne trouverait pas son compte
Avec des phrases de journaux,
Et ces histoires que raconte
La Gazette des Tribunaux.

Notre auditoire qui digère
Dans son fauteuil un bon repas
Voudra qu'une intrigue légère
L'amuse et ne l'agite pas.

Ce n'est pas un public vulgaire ;
Il vient, ma foi, de très-bon lieu,
Et tel qu'on n'en trouverait guère
Même au théâtre Richelieu.

Sur l'assistance sympathique
Si je porte des yeux hardis,
J'y vois un homme politique...
Ou qui, du moins, le fut jadis.

Ne le plaignons pas, il lui reste
De l'esprit l'aimable enjouement,
Et son pinceau piquant et preste,
Qui trousse un croquis galamment.

Près de lui j'ai quelque espérance
De n'être pas trop en défaut ;
Pour me donner de l'assurance
On sait qu'il a tout ce qu'il faut.

C'est sur des talons de marquise,
Madame, qu'on aimerait voir
Marcher votre personne exquise
A qui je voudrais tout devoir.

Je voudrais lui devoir la grâce
Des manières et de l'esprit,
Ce ton parfait, cet air de race
Que de nulle autre elle n'apprit.

Je vois encor sur sa banquette
Le docteur que nous chérissons ;
Si mes yeux font quelque conquête ,
La faute en est à ses leçons.

Surveillant nos œuvres futiles,
Il en pressera l'action,
Et des passages inutiles
Il fera l'amputation.

Il va très-loin quand il commence
A tirer l'outil du fourreau,
Et, s'il n'use pas de clémence,
Nous serons réduits à zéro.

A celui-ci, si j'étais brave,
Je dirais bien deux mots aussi ;
Mais son air imposant et grave
Me donne beaucoup de souci.

C'est un maître de l'art austère
Comme on le comprenait jadis,
Quand le ciel donnait à la terre
Des papes comme Léon Dix.

Quand notre peinture appauvrie
Se jette, sans but arrêté,
Tantôt dans la miévrerie,
Tantôt dans la brutalité,

Inébranlable et solitaire,
Vivant avec sa passion,
Il est resté dépositaire
De la grande tradition.

Des palais et des cathédrales
Il fait oublier le clinquant
Par quelques pages magistrales
Comme on en trouve au Vatican.

Près de lui je vois un critique
Qu'il importe de désarmer,
Car le piquant du sel attique
A seul le droit de le charmer.

Il aime la forme sereine
Où l'âme du grand siècle a lui,
Et la muse contemporaine
N'a pas un grand attrait pour lui.

A tous ses produits indigestes
Qu'il voit de loin avec effroi,
Il préfère les faits et gestes
Du fou, du cavalier, du roi.

A l'affiche il est insensible,
Et consacre ses soirs d'hiver
A diriger le choc paisible
Des billes sur le tapis vert.

Quelle ressource plus féconde
Contre l'ennui que le jacquet,
Qu'il déserte, nouveau Joconde,
Pour le boston et le piquet !

Pour une heure il veut bien se mettre
Au rang de nos spectateurs ; — mais
S'il sent monter le thermomètre,
Nous ne le reverrons jamais.

Mais il faut clore cette liste ;
Mes parents seraient peu flattés
Qu'on me prît pour un journaliste
Qui fait des personnalités.

On connaît de ces gens de plume
Qui sont de singuliers coquins,
Et qui prennent pour une enclume
L'échine des républicains.

Pour mon avenir, quelle tache !
Car, sans être collet-monté,
Qui voudrait avoir une attache
Dans ce Nouvelliste effronté ?

Dans ce journal qui rien n'admire
De ce qu'en république on fait,
Et qui choisit pour point de mire
Et ses maires et son préfet ?

Je dis cela pour la police,
Dans quelque coin, s'il s'en trouvait,
Car je le lis avec délice,
Et c'est mon journal de chevet.

Mais ne parlons pas politique,
Car, bien loin de l'aller chercher,
A son empire despotique
Nous voudrions vous arracher.

Pour oublier ce trouble-fête,
Qui ronge la société
Depuis la base jusqu'au faîte,
Quel endroit fut mieux inventé?

La nature nous environne,
Elle nous livre ses attraits;
Le coteau voisin se couronne
De l'ombre épaisse des forêts;

L'automne, ce grand coloriste,
Y distribue avec largeur
Ces tons plus chauds qui du touriste
Arrêtent le regard songeur.

L'horizon dans des teintes grises
Voile ses contours incertains;
L'atmosphère a de saines brises
Qui rafraîchissent les matins;

Le jardin ses trésors étale,
Charme du palais et des yeux,
Et la ligne, aux carpes fatale,
Sonde l'étang silencieux.

La vie est douce et familière,
Les jours passent comme un moment
Dans la demeure hospitalière
Que régit un sceptre clément.

Le maître que son cœur inspire,
Oubliant de penser à soi,
Ne fait connaître son empire
Que par les biens qu'on en reçoit.

Il est temps que je m'achemine
Vers la fin de ces longs couplets.
Un mot, Messieurs, et je termine,
Ainsi que l'on dit au Palais.

Vous me reprocheriez de taire
Ce mot dans tous vos cœurs venu
Pour cet aimable militaire
Qui loin de nous est retenu.

Il n'est pas sur un lit de roses;
Il a trop chaud, il a trop froid.
Il lit de gros livres moroses
Sur le flanc gauche et le flanc droit;

8

Pour aller dresser ses recrues
Qui l'attendent le sabre au poing,
On le voit trotter dans les rues
Quant à peine le soleil point.

Mais il veut changer de toilette
Et trouve que les jours sont longs,
En attendant que l'épaulette
Vienne remplacer ses galons.

Faire ce métier peu commode,
Quand on pourrait, donnant le ton
A nos jeunes gens à la mode,
Conduire au bois son phaéton ;

Aller à la botte, au pansage,
Monter Cocotte, l'étriller,
Quand dans l'enceinte du pesage
On pourrait aisément briller ;

Ce n'est point d'un esprit vulgaire
D'essuyer, sans plus de façon,
Après les dangers de la guerre,
Les ennuis de la garnison,

Dans cette ville aux deux rivières
Où, si le cas le demandait,
Il donnerait des étrivières
Aux électeurs de Barodet.

Mais que vois-je? l'on m'a trompée,
De ma jeunesse on abusa;
C'est bien lui, moins sa grande épée
Qu'au vestiaire il déposa.

Si plus tôt l'on m'eût avertie,
Un trait de plume eût simplement
Débarrassé sa modestie
De l'ennui de ce compliment.

On m'appelle dans les coulisses.
J'oubliais, — quelle omission! —
De réclamer pour mes complices
Votre indulgente attention.

Ils sont pleins de feu pour vous plaire,
Mais dans leur bonne volonté
Est la portion la plus claire
Du talent qu'ils ont apporté.

Par une bourde colossale
Qui leur a mis l'épée au rein,
On leur a dit que dans la salle
S'était glissé monsieur Perrin.

Pris d'une ambition malsaine
Qui soudain en eux s'alluma,
Ils se voient déjà sur la scène
Où brillèrent Mars et Talma.

Cette société polie
Qui sourit à mes premiers pas,
De leur innocente folie
Ne les désabusera pas.

Si ce fol espoir ne les leurre,
Ils tomberont sous le fardeau...
Vous en jugerez tout à l'heure...
Mesdames... Messieurs... Au Rideau !

Ce Prologue a été suivi de la représen-
tation des *Rendez-vous Bourgeois*, inter-
prétés par

MM. E. B.	DUGRAVIER.
G. C.	BERTRAND.
P. F.	CÉSAR.
L. d'A.	CHARLES.
C. d'A.	JASMIN.
Mme E. B.	REINE.
Mlle C. d'A	LOUISE.
Mme J. M	JULIE.

Décors de MM. L. M. et C. d'A.

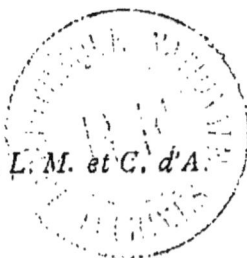

IMPRIMÉ PAR JOUAUST

RUE SAINT-HONORÉ, 338, A PARIS

M D CCC LXXII